갓바위

갓바위

김병학 시집

신아출판사

머리글

내 고향은 전라북도 최남단 노령산맥 북쪽 기슭에 돌뿌리를 헤집고 탯줄을 내리어 대대손손 살아온 곳으로 정읍시가지에서 이십 오리쯤 떨어진 산간벽지 깊은 산골입니다.

남쪽으로 전라남도를 넘나드는 높은 노령고개(장성갈재)가 있어 옛적에는 남도 사람들이 한양(서울)으로 과거보러 갈 때 넘어오는 고개로써 도둑 떼도 많이 있었다는 전설이 주저리주저리 열린 고개이기도 합니다.

남쪽으로 입암산과 방장산 높은 태산이 양팔을 벌리고 마을 앞 상승처럼 서서 입암을 안아 품어 재앙이나 액운을 막아 주고 마을은 양 떼처럼 옹기종기 정겹게 모여 사는 순수가 뼛속까지 흐르고 있는 곳입니다.

입암산 봉우리에는 삿갓 모양 바위가 있어 갓바위라 부르고 산을 갓빠산 이라고도 불러 왔으며 갓바위 바로 밑에는 거북이 등과 같이 생긴 거북 등 바위와 거북이 머리 같이 생긴 비녀 바위가 있습니다.

사람들은 죽으면 저승으로 간다지만 나는 이승에 남아 입암산 봉우리에 앉아 있는 갓바위의 영혼으로 환생하여 천년만년 입암을 지키고자 아호를 봉암峯巖이라 하였으며 9번째 책을 『갓바위』라고 이름하였습니다.

이글을 만나는 이에게 감사 인사 올립니다.

기해년 샘골 하늘 아래서

봉암 김병학 올림.

|차|례|

제1부

춘하추동

제2부

몸으로 쓰는 언어

제3부

가슴에 매달린 조롱박

제4부

대한에 핀 꽃

제5부

해지는 저녁놀

제6부

아득한 향수

제7부

우리집 뜨락

제1부

춘하추동

발자국 소리

뚜벅뚜벅 걸어오는 소리
봄이 오는 소리

소리가 가물가물 들리더니
시나브로 커진다
지금은 어디쯤 왔을까
발자국 소리 놓치지 않으려고
귀는 샘처럼 깊어진다

산과 들에 풀어 놓을 선물
한 아름 안고 오시는 님
발자국 소리는 낭랑한데
아직도 기색은 보이지 않고
아침 바람만 쌀쌀해

기다림은 더욱 가슴이 타고

봄 2

아침저녁으로 맵찬 공기 쌀쌀해
아직 겹것을 벗지 못하였다
춘심이는 북상하다
매서운 꽃샘 자락이 쬐끔 보이니까
오다가 주춤 머뭇거리며 남쪽 어디쯤
멈춰 있을 터

꽃 내음은 물씬 코를 후비는데
봄은 아직껏 보이지 않으니
춘래불사춘이라

소문 듣자 하니 구례 산동에
그곳 산수유 꽃숭어리 한창 흐드러져서
천릿길 달려온 향기라고!

여보게, 친구
우리 모두
남향 저 하늘 밑을 꽃 냄새 더듬어
달려가 보세.

산수유꽃 2

소문 듣고
구례 산동에 갔더니
온 산자락에
노란빛 물결이라

우듬지마다 꽃숭어리 매달다가
눈물을 솔찬히 흘렸는지
노랗게 노랗게 한껏 벙글고 있다

꽃도 흐드러지고 쑥국새도 노래하니
고향 찾아가는 기러기도
여름 뻐꾸기도
파란 하늘에 걸려있는 뭉게구름도
불러들여

이왕 잔치할 바에는
큰 잔치 하세.

겨울의 경계 2

밤의 맵찬 공기는 쉬지 않고 부지런히
쌓아 올린다

정오의 햇살은
악착같이 허문다

쌓고 허물고 쌓고 허물고——

다시는 일어설 수 없을 것 같았는데
다시 살아나고

봄은 서둘지 않고 소처럼 걸어온다.

벚꽃

꽃망울
툭툭 벙글어 강그러지게 웃는 소리는
청아한 시냇물 소리
하얗게
뭉게뭉게 흐드러지면
파란 하늘에 걸려있는 뭉게구름
바람결에
우수수지는 모양은
한여름 배추흰나비 떼

너는 올 때
귀엽고 예쁘게 오더니
가는 뒷모습도
아름답구나.

봄 3

가뭄 끝에 부슬비 추적추적
삭정이 된 우듬지마다 갈증을 풀고
연록 이파리 쑥쑥

온 천지에
연록 물결 꽃내음
산자락에 장끼 놈
뚝배기 깨지는 소리 꿔ㄱ 꿔ㄱ
강변 수양버들
하늘하늘 —

산천에 부서지는 햇살도
창공을 건너가는 구름도
퍽이나 다정한 친구

얼쑤 새봄이로구나! 봄

강변 철쭉꽃

정읍천 변두리에 웬 모닥불이
활활 타고 있다

누가 때아닌 망월 놀이하였는가!

천변 걷기운동 하는 사람들
시냇물이 바로 옆에서 철철 흐르는데
어째서 불 끌 생각은 안 하고
방실방실 웃기만 한다

불이 허공으로 치솟더니
하늘로 번져
대낮 노을이 벌겋다

불은 하염없이 타고

여름 2

봄
노란 새싹이 아장아장 걸어 나오면
금시 산천은 초록 바다
꽃들은 정해진 순서에 따라
강그러지게 웃어대고
새들도 숲을 차고 높이 날며
하늘은 잠잠한 초록 호수
초록의 세상은 평온

샘이 불같은 여름
강력한 힘을 앞세워 밀물처럼 밀려오면
물러빠진 춘심은
뒷걸음질 치면서 자기 터전을
조금씩 조금씩 내어준다

평온한 세상을
기어코 다 정복하고
점령군처럼 기세등등한 폭서
심술을 즐기며 껄껄껄—

여름은 폭군이다.

메밀꽃 피면

나 어릴 적 아부지는
한 오 리쯤 떨어진 하부마을 잔등 너머 다랑이논
하늘만 쳐다보는 천수답을 지셨다

뙤약볕 봄 가뭄이 보릿고개처럼 길고 길면
모심는 시기 놓쳐버리고
얼었던 땅이 녹아 풀리기 시작하여
봄갈이해놓은 논바닥 흙덩이는
쇳소리 나는 돌덩이 되었다
하늘을 바라보다 바라보다 가슴은
까만 숯덩이 되시었고
하지를 지나 소서 접어들었을 때는
두럭은 독새기풀이 터줏대감행세
고랑은 쩍쩍 갈라진 거북 등
새까맣게 탄 가슴으로
석공이 정과 망치로 돌을 다루듯
괭이로 쇳덩이 흙을 잘게 부수어서
서둘러 대신 메밀 씨앗을 뿌리시었다

농사를 다 짓고 난 아부지 모습은
얼굴은 구릿빛 손발은 참나무 껍질 되시었지
그때 왜 어째서
산같이 깊은 당신의 맘을 몰랐을까!

메마른 땅에서도
하얗게 꽃피우는 메밀처럼
하얗게 하얗게만 살다가 가신 당신을
해름 노을에 젖어서야 비로소
메밀꽃 보고 사람 되어
이제나마 나직이 목메어 불어 봅니다
아부지.

---

* 전북 문학관에서 주관한 제1회 농촌 사랑 백일장에서 동상 수상작.

내장산 갈꽃

눈물이 많아서 노랗게
사랑이 깊어서 빨갛게
눈물도 사랑도 넘쳐서 주황으로 피어
보는 이마다 탄성이 자지러진다

포기 포기 포기 피어서
꽃보다 예쁘디예뻐
보는 이마다 숨이 넘어간다

온몸으로 필 때나 우수수 질 때
수북이 쌓였을 때나 바람에 뒹굴 때도
아름다운 서정의 꽃이다

바람이 서래봉에서 장군봉으로 뻗은 능선을
낮은 포복으로 숨 가쁘게 넘어오고
구름도 잔등 위로 모여드는 까닭은
가을꽃이 곱디곱기 때문이
아니겠는가

저 가을꽃을 보라!

강그러져 넘어지지 않을 자 누구 있으랴.

가로수 은행잎

지난여름 청 치맛자락이
수정같이 맑은 햇살에 풋풋한 싱그러움 토할 때
널 보는 내 삭신 속에서도
새 푸른 피가 돌았다

좋은 시절은 가고
찬 공기 밀고 오는 음산한 갈바람
슬금슬금 다가와서
노랑 치마저고리로 행장을 차려입었기에
옷자락이 펄럭이었는가 하였더니
헤어지기 섭섭해서
흔드는 노란 손수건이었던가!

어느새 가로수 밑에
수북수북 모여앉아 이야기 소리 시끄럽구나
꼭 대절버스 기다리는 관광객 같에

"진짜 어디로 떠나갈 모양인디
징 갈려거든

언제 온다고 야기나 하고
가랑께”

나뭇잎사귀

미수연米壽宴
사람은 88세가 되면 장수 축하잔치를 하는데
이들은 황혼이 되면 고별잔치를 한다

자기 몸을 태워서
노랑 빨강 주황 황갈색을 뱉어내어
맑은 햇살도 푸른 하늘도 바삐 가는 바람도
붙잡아놓고
사람의 발길을 끝없이 멈추게 한다
잔치는 몇 날 며칠 장장 하다

다 마치고 나면
모든 것을 비우기 시작
멍한 점, 시름 한 가닥, 땀 한 방울까지
버리고 지우고 내려놓고

음산한 바람 일면
허허한 가슴 하나 안고 맨몸뚱이를
허공으로 띄운다
둥 둥 뒹굴뒹굴 --

겨울

구름은 하늘을
얼음은 강물을
삭풍은 땅을
꽁꽁 가둔다

스스로
움츠리고 멈춰 숨 고르면서
하늘은 파란 호수를
강물은 몸짓의 무한한 자유를
땅은 푸른 들녘을 꿈꾸며
새봄을 기다린다

봄은
길고 긴 가라앉은 고요를 지나서
지루한 침묵을 깨고
찾아올지니

겨울은
끝없이 누워있는 우중충한 터널.

제2부

몸으로 쓰는 언어

말하는 예당호

수많은 산자락의 품에 안기어
햇살에 반사하는 몸짓으로
언어를 쓰고 있다

호수의 둘레 길 백릿길이요
출렁이는 다리는 사백미터
하늘 높이 솟은 주탑 육십여 미터이니
경관이 장관이라
"사람아 구름아 바람아
예당호에서
하룻밤 머물다 감이 어떠냐," 라고 하면서
종일 반짝반짝 언어를 쓰고 있다

몽매한 인간은
그 오묘한 언어를 읽지 못하여
그냥 돌아서는데
바람은 출렁다리에서 구름은 탑 위에서
한 밤을 쉬었다 가는가!

---

* 충남 예산 예당호에서

꼬마들 행렬

–함평 나비축제장에서

앞에 키 큰 선생님 따라
아장아장 쫓아가는 유치원생 행렬
영락없이
어미 닭 따라가는 병아리들

저 귀염둥이들이 어디를 구경 가실까!

"너그덜 어드메서 왔냐?"
"광주에서요"
"시방 어디를 고로케 가는겨"
"나비 보러 가요"

그놈들
볼수록 귀엽고 옹골지네
돌담 골목에
어린애들 메아리 떠나 버린 지
몇 세월만인가!

응급실에서 본 얘기

토요일에 온몸이 쑤시어서
정읍 아산병원 응급실을 찾았다

진통제를 맞고 있는데
옆 병상에서 어머니와 아들이 티격태격
주고받는 얘기가 응급실을 가득 메운다
“엄니 입원 하랑께”
“아니여 집에 갈겨”
“내가 돈 벌면 되니까 걱정 허지 말랑께
엄니 왜 아들 말을 안 들어”
“아니여 집에 간당께”

곁눈으로 슬쩍 훔쳐보았더니
구십 격 어머니와 사십 격 아들이 서로 다투고 있다
효심과 희생이
번쩍번쩍 방전한다
못 들은 척 누워있는 난 울컥
눈물이 주르륵 베개로 구른다

허황한 욕심이 번뜩 스친다
산 같은 저런 아들 하나 옆에 있었으면!

경로석 2

서울 대 병원을 가기 위해 신용산역에서 전철을 탔다
전철 안은 콩나물시루 속
전철역 정차할 때마다 사람들
썰물과 밀물

숨을 쉬기 위해 사람들은
고개를 쳐들고 키를 키우고
몸을 서로 비비대며 중심을 잡는다

경로석에 앉아 폰을 보는 젊으니
척하는 건지 머리는 부동자세

앞에 중심을 잡지 못하고 서 있는
센머리 성성한 노옹
젊은이의 눈치를 슬쩍 살피고 지그시 눈을 감더니
서울역에서 내리고
또 다른 노인 돌부처 같은 그 앞에 서서
눈치를 슬쩍.

바다

굴뚝 속처럼 맘이 답답할 때는
단숨에 달려간다
해변 언덕에 서서
망망한 수면 위에 아득한 수평선 위에
시선을 내려놓고
평화를 더듬는다

잔잔한 너의 모습은 평온

하늘만 바라보고 살아서인지
한 점 부끄러움 없는 순수한 너는
세상사 답답한 한도
성난 파도의 울음도
바람의 노여움도
넓은 가슴으로 품어 다독이어
고요와 평안을 꽃피우는 평정자

너는
속이 갑갑할 때마다 그리워지는
평화의 고향.

부작용

세월이 약이라고 해서
지금껏 부담 없이 마시며 살았다

봄여름 갈 겨울 자나 깨나
쉼 없이 엄청나게 마셔 댔더니
언제부터인가
센머리 한 가닥씩 날리고
실 같은 골이 하나씩 생기더니
이제는
거울 앞에 서기가 두렵다

식후 30분
꼭꼭 시간 지키고
물 한 컵에 세월 한 숟갈만 타서
마시라는
약사님의 말씀을 잊었던가!

당신은 과다 복용이야.

물고구마

어릴 적 아부지는
막시골 밭에 무서리 하얗게 앉은 날
고스러진 순을 걷어 내고 고구마를 캐서
큰방 윗목에 수숫대 발을 치고
수북하게 쌓아 놓았다

문풍지도 울지 않는 날
눈은 도란도란 하염없이 내리고
천지는 하얀 눈 세상
고구마을 꺼내 가마솥에 넣고 장작불 지피면
뜸 드는 냄새가 문 틈새 비집고
뜨뜻한 방으로 솔솔 기어들어 왔었지

아랫목 이불 속에 발을 묻고
엄니 옛 얘기 들으며
퐁퐁 쏟아지는 눈을 문틈 사이로 훔쳐보면서
속살이 노란 물컹한 물고구마
한입 넣으면
쩍쩍 달라붙은 단맛이 입안에 가득

하였다

새까만 머리 억새꽃 된 지금도
조청보다 짙은 달콤한 그 노랑 물고구마 맛이
환상의 혼으로 살아있다.

세밑

아득히 가물가물했던 끝이
어느새 달려와 눈앞

넘어지면 다시 일어서고
숨이 차면 숨 다스려 다시 뛰고
끝을 향한 몸짓은 한없이 계속되었던가
그 누가
쉼 없이 뛰라고 했나

한끝이 끝이 오면
다시 새 끝을 향해 담박질치고
그러다 그러다가
체온이 나무토막처럼 싸늘하게 식어 가면
흙이 끝이 되고 먼지가 끝이 되고
허공이 끝이 되는가!

몸뚱이의 끝은 곧 허공이다.

설날 2

맵찬 바람이
터줏대감 행세하는 들판에
얼키설키 걸어서 초라한 새 둥지 틀고
눈시울 훔쳐대며
부모 품 떠났던 새끼들

의젓하게 우뚝 솟은 산이 돼
엄니 젖내 더듬어서
어릴 적 제 품속으로 찾아 든다

가슴팍 그리움 켜켜이 태산만큼 쌓여서
고속 길에 기름을 깔고 시간을 깔고 인내를 덧칠하며
머나먼 천릿길 단숨에 달음질 친다
세월의 무게에 짓눌려 등 굽은 부모를
해마다 설 때면 찾아뵙는 이유는
무슨 까닭일까?

그 갸륵한 답은
오직 그들 맘속에 만이 꼭꼭 숨어있다.

달력 2

세월은 칼이다

선달그믐날 어스름이 진 밤
매달 1장씩 잘라먹더니
오늘은 세밑 끄트머리에 간신히 걸려있는
마지막 장까지 잘라 먹어버렸다
이제 이 밤이 눈을 뜨면
새해 새 달력

인정사정없는 것
개띠 한 해를
벽에 박힌 못대가리만 남기고
뼈다귀까지 다 씹어 먹어 버리더니
식욕이 왕성해졌는지
새콤달콤한 맛을 알았는지
새로 걸리는 돼지띠 해도
잘라 야금야금 씹어 삼키려
서슬이 퍼렇다

어찌할꼬
대자연의 먹이사슬인걸.

정화淨化 3

몸을 씻는다

중국에서 천릿길 날아온 미세먼지도
고물차가 질질 싸고 간 까만 똥 가루도
세속에 찌든 때도
때 타월로 빡빡 문질러 벗겨낸다

험담 입방아 찐 주둥이 속 구석구석 양치질
세상을 뒹굴었던 몸뚱이도
질퍽한 오물 밟아 던 발바닥도
초벌 씻기 재벌 씻기 잘잘 헹구기하고
목욕탕을 나서는데
함박눈이 펑펑펑 쏟아진다

옳아!
저 눈으로 맘마저 정갈하게 씻으면
나도 하얀 사람.

제3부

가슴에 매달린 조롱박

저승이 삼켜버린 폰 번호

지난 모임 때 불참한 친구 이유형이
갑자기 궁금해져서 문자를 찍어 띄웠더니
메아리까지 삼켜버린다
이상하다! 삼켜버릴 사람이 아닌데

추석 삼일 전날
폰이 전화 받으라고 보챈다 찌릉 찌릉 찌릉
열어보니 고교동창 맏형 격인
동옥이 형의 전화다
“동옥이 형”하고 대답했더니
“유형이가 죽었데”
“어저께 이웃집도 모르게 출상해 버렸다네”
“현대아파트 사람들도 아무도 몰라”라고 한다

이게 무슨 날벼락인가
왜 갑자기 죽었을까
왜 벼락치기 출상을 하였을까
의문이 꼬리를 물고 무성하게 일어난다

추석 쇤 다음에 날 잡아
상주를 위로 방문하기로.

가마솥

나 어릴 적 한 농부는
소여물 쑤는 가마솥을 아부지로부터
물려받았다

그에게는
솥은 유산이요 생계요 희망이었다
그런데 어느 날
금쪽같은 솥 밑바닥에 구멍이 뻥 뚫려서
부랴부랴 땜질 쟁의를 불러 때웠다
그러나 얼마 못 쓰고
다른 곳에서 또 구멍이 나기 시작했다
할 수 없이 서둘러서
땜질 쟁의를 또 불렀다

아부지가 물려주신 소중한 가마솥
또 구멍이 나면 어떻게 할까
인제는 어쩔 수 없이 고물상에 넘기고
새 솥으로 바꿔야 하겠지, 생각한다

과연 가마솥의 운명은.

군대 이야기

사람들은 어쩌다 군대 얘기만 나오면
저 혼자만 군대 갔다 온 것처럼
자기 말만 앞세우고 천장을 뚫고 올라가다가
결국 자랑단지까지 깨 먹고 만다

남 얘기 듣고만 있는 나에게
자네 귀신 잡던 해병대 얘기 좀 해 봐, 하면
자랑삼아 내놓을 말이 없으나
목에 가시처럼 스치는 허물이 하나 있다

포항에서 통신 주특기 교육받던 때
달빛 무척 흐린 날
보초병한테 들키지 않게
고양이처럼 가만가만 걸어가 철조망에 붙어서
언덕에 엎드려 숨어있는 이동 주부에게
숨죽인 말로 "건빵 5봉만 가져오세요" 하고
담뱃갑을 접어서 50원짜리 지폐로 속여
건빵을 사 먹었던 일

지금도 그때 일을 생각하면
손톱 밑이 곪는 것처럼 가슴팍이
욱신욱신 거린다.

쑥국새소리

때는 꼭두새벽 오시
쑥국새소리가 가물가물 구슬프게 들리더니
이제 가까운 앞산 숲에서 운다

새벽 공기 쌀쌀한데
무슨 서러움이 많아
저토록 밤새 울어 댈까

쑥국 쑥쑥국 ---

네가 애달프게 울어대니
풀잎사귀도 따라 흐느껴
눈물방울 주르륵 ----

돌아선 사람

내 맘처럼 믿었고
내 몸처럼 아끼었던 후배로부터
절교의 폭탄을 맞는다
그 이유는 나도 알쏭달쏭하다

맘을 준 만큼 상처도 깊고
몸을 잘라내는 듯 아픔도 크다
나도 사람인지라
가까웠던 만큼 멀어지고
주었던 모든 것을 되빼앗고 싶다
사무실 짐은 두 배요
감당하기에는 이미 쇠해버린 몸
그러나 어찌하랴!
식량이 바닥이나서 붙잡을 수도 없고
쓰러져도 내가 짊어져야 할 짐인걸

사람들아
사랑할 때는 간肝 만은 아껴라
맘을 줄 때는 혼만은 꼭 붙잡아라.

꽃 2

언제나 꾸밈이 없는
순수한 민낯
그늘 가슴팍에 감추고 서러움 뼈에 묻고도
항상 밝은 얼굴
밤마다 눈물 짜내는 풀잎처럼 슬픔이 많아도
한결같이 웃은 얼굴
한을 줄줄 털어내는 먹구름처럼 엉엉 울고 싶어도
늘상 해맑은 얼굴
그래서 꽃은 아름답다

꽃은
바람이 흔들어 주어야 핀다는데
바람아!
꽃이 될 때까지 날 좀 흔들어다오.

꽃 3

꽃을 보고 있다가
보고 있다가
꽃이 너무 예뻐서 그만 나도
꽃이 되어 버리고 말았다

웃는 꽃을 보고 있다가
보고 있다가
꽃이 하도 행복해 보여서
마침내 나도
방긋이 웃는 꽃이
되어 버리고 말았다

눈물을 가슴팍에 묻고
예쁜 꽃 웃는 꽃 되었더니
눈물도 꽃이 되더라.

신호등

도시의 길은 바다다
찻길은 넓은 바다 사람 길은 좁은 샛강
차와 사람은
흐르는 물

거침없이 흐르다가도
빨강 신호등에는
봇물처럼 고이고
파랑 신호등이 길을 열면 터진 봇물 같다

찻길이 열리면 바닷물이 빠르고
사람 길이 열리면 강물이 바쁘다

신호등이 사는 곳은
늘 상
모세의 기적이 분주하다.

시 창작반 강좌 1 교실

매주 화요일은
글 밭에서
알갱이 줍는 날

잘 영글어
툭 벙글어져서 빠진
밤톨 같은 열매

지난번에는 준비 없이 가서
빈손으로 왔지만
이번에는 큰 광주리 가지고 가서
가득 담아 와야겠네

돌아올 때는
풍성한 가을걷이 거두어 들린
글쟁이들 낯빛이
저마다 달덩이일 거야.

제4부

대한에 핀 꽃

떠도는 넋

"백의 백성이여 나를 따르라
농민이여 호미 대신 죽창을 들어라"

황토현에 들어서니
1894년 4월 7일
여명이 눈뜨기 전 칠흑의 밤에
산천을 흔들었던
녹두장군의 우렁찬 호령 소리가
귓전에서 맴돈다

"사람이 곧 하늘이다"는 세상
꽃 피우지 못하고
맺힌 한 가슴에 품은 채 지금도 이승을 떠도는
녹두꽃 넋이여

온 대한大韓이
황토재 전투장에서 전승일 날
당신의 위패를 봉안하고
축제의 풍악 소리 배들 평야를 적시나니

동학 농민 정신이 불멸의 진리로
두승산 봉우리에서
산야로 바다로 세계로
메아리칠 지어라

이제는
큰 뜻도 큰 한도 속세의 방황도
모두 다 내려놓고
은하수 건너 하늘길 따라 훨 훨 훨
승천하시옵소서.

---

* 동학농민혁명 125주년을 맞이하여

어느 동학농민군 지도자의 유골

백민이여!
조선낫을 들어라
죽창을 잡아라
한 손으로는 이여차 노를 저으라

1894년 진도 해변을 종횡무진으로 뛰면서
왜구와 싸우다 조총에 맥없이 쓰러진
이름 없는 동학농민군이여

숨 끊어진 목숨 하나도 억울한데
한국동학당 수괴라고
1906년 머리뼈가 포로 돼
왜 나라 북해도로 끌려간 사무친 한을
어찌 감당할 수 있었으리오

일찍이 1996년 5월
꿈속에서도 그리운 고국 땅에 돌아왔으나
진즉 진혼식을 올려주지 못하고
항상 죄인으로 살아온 우린

늦게나마 기해己亥년 6월 1일 안장식을 거행하고
완산 칠봉 자락 녹두관에 봉안하였으니
이제는
진도 어디에 묻혀있을 삭신과
구천을 떠도는 영혼까지 만나서
온전한 한 몸 이루소서

그동안 한 맺혀 차마 감지 못했던 눈
지그시 감으시고
영원한 고요에 드시옵소서.

5 · 18 광주민주화운동

당신이
군부 독재로부터 짓밟히고 쓰러질 때
나는 과연 무엇을 했던가

전남 외곽에 사는 나는
시시때때로 떠내려오는 소문 듣고도
왜 분노하지 못했던가!
어린 학생도, 청년도, 노동자도 다 일어섰는데
나는 어찌하여 가만히 있었는가
정의는 행동해야 빛나는 것을

자랑스러운 5.18 광주 영령이여
총탄에 무너지고 곤봉에 피 낭자한 몸이
아스팔트에 질질 끌려간 육신이
갈기갈기 찢어진 삭신이
이제는 이 세상에
찬란히 빛나는 꽃으로 피어났나이다
그 꽃은
우리의 지표요

처음으로 가는 낯선 길의 길잡이

우리는 꽃만 바라보며 꽃처럼
걸어가리다.

---

* 5 · 18 광주민주화운동 39주년을 맞이하여

뛰는 말

– 강광*

강광
그는 누구인가
"뛰는 말이다"라고 하고 싶다

경찰서장직에 있을 때나 민선 4기 시장직에 있을 때나
오직 시민을 위해서
열심히 뛰면서 살았다
야인이 된 지금도 줄기차게 뛰면서 산다
빼곡한 일정을
강직한 체력 올곧은 정신으로
뛴다

등 굽은 고목에 푸른 잎사귀 돋았는가
구겨진 노구를 이끌고 청춘처럼 뛴다
노인복지회관, 사랑의 나눔 현장, 장애인복지센터,
농민대회장

---

* 강광 : 전북 정읍출생 1936년생으로 성균관대학교 졸업 정읍경찰서장 민선 4기 정읍시장을 지냈으며 민주당 전북도당 상임위원 민주당 정읍지구당 상임고문 전북핸드볼협회장을 역임했고 제47회 대한민국체육상 대통령표창을 수상했으며 옥조근정훈장을 수훈했다.

소외계층을 두루두루 살피며
샘솟듯 끓어오르는 꺼지지 않는 열정으로
훈훈한 인정을 흠뻑 베푼다
가는 곳곳마다 사람 냄새가 넘쳐 질펀하다

억새꽃이 흔들리는 것은
바람이 불기 때문이 아니라
그가 뛰어가기 때문이다.

제5부

해지는 저녁놀

곡예사

단골집 식당 사장
됨됨이 바르고 속이 깊이 찬 젊은 사람
내 건강에 관심이 많다

저번 날 약국에서 만났는데
"요즈음 운동도 잘하시고 잘 지내셨어요"
하며 은근히 내 건강 상태를 살짝 떠본다
"조심조심 아슬아슬하게 살고 있어"
하고 대답했다
"몸 관리 잘하세요
봉암 선생님은 수시로 몸 상태를 체크해야 되요"
한다

그렇다
매사가 조심스럽고
매일 아슬아슬하다

맨날 맨날 벼랑길.

우산

하루에 세 끼 먹은 것이 밥뿐이랴
약도 하루에 세 끼
꼬박꼬박 입에 털어 넣는다

비가 부슬부슬 내리는 날
우산을 쓰고 병원엘 갔었다
올 때는 비가 그치고 화창한 날씨
처방전을 쥐고
서둘러 약국으로 정신없이 달려가서 보니
깜박하고 병원에 우산을 놓고 왔다
내가 왜 이러지 기분이 찝찝하다
병 하나 더 생기는 것이 아닌가
내일은 검사 해 봐야 할까!

아니다
언젠가는 다 놓고 가는 세상
미리미리 연습해 보는 것.

이슬방울

풀벌레는 무슨 사연 있어
밤새도록 저리도 울어 댈까
씨르륵 씨르륵 ---

울다 울다 삼키고 울다 울다 삼키고
먼 설움이 그리도 많아
가냘픈 소리 절절도 하구나

팔 남매 키우신 우리 엄니 가슴속마냥
새까맣게 탄 가슴팍 품고 있어
그럴까

밤새 내내
풀 잎사귀마다 눈물 방울방울 달아놓고
이 꼭두새벽에
어디를 갔디 야.

걸레

옥양목처럼 하얀 타월이
이름표를 바꾸어 달았을 때는
흰 눈처럼 영혼까지 순백하였다

세월을 뒹굴고
굽이굽이 삶을 달려오면서
점점 낡고 해져 허름한 넝마 되었고
때가 찌들어 잿빛
아무리 빨고 또 빨아도
제 빛깔을 찾을 수가 없다

뛰고 또 뛰고 쉼 없이 달려왔건만
마음을 놓을 겨를도 없이
이제는
더는 뛸 수 없는 빛바랜 육신

컴컴한 쓰레기통에 버려진 채
체념해 버린 듯 지그시 눈을 감고
운명에 몸을 던진다.

유명幽明

폰이 부고 왔다고
고막을 두드린다 띠띠띠 띠
열어보니 "정공회 회원 김동한 별세 ----"

접때 문화원 강좌에서 보았을 때는
건강해 보였는데
이게 웬일이단가
누가 내일을 장담할 수 있단 말인가

내 삭신 속에도 암이 두 마리
지금은 2차 공격 후 소강상태에 있지만
언제 어디서 어떻게 어디를 공격할지 모른다
아니 지금 어느 부위를 이미
공략하고 있는지도 모른다

이승과 저승 경계에 서서
불안한 마음은 꺼질 줄 모르고
언뜻언뜻 일어서고.

식구 인력

한때 우리 집은
하나시, 할매, 아부지, 엄니, 큰고모, 작은고모,
누이동생, 형제 동생, 나
아홉 식구 대 가족이었다

아부지는
농사일에 놉을 살 때는 하나시 할매 빼놓고
식구 일곱 몫을 제외하고 산다
그래야 주판이 맞아떨어지기 때문이다

일요일은
동네 놉 일곱 몫이
무상으로 인력 동원되는 날

우리 식구는
공부도 해야 하고 깔도 베야 하고
여물도 썰어야 하고 쇠죽도 쑤어야 하고
인력 동원도 나가야 하고
일인삼역오역 노동자.

기도 2

우리 집사람은 기도가 생활이다

주일날은 못 박히신 예수님 앞에서
관광 가서는 붓다 앞에 합장하고
서낭당을 지나갈 때는
돌무더기에 독자갈 세 개를 올려놓으면서

남편에겐 건강 축복을
자식들에겐 물질축복을
자신에겐 남편과 손을 꼭 잡은 채 한날한시
같이 가는 축복을
충만하게 하옵소서, 빈다

기도는
가슴을 질퍽하게 적신 소원이다
간절한 절규다
맘이 타고 남은 까만 재다

죽음의 길인들 외로우랴!
지옥까지 같이 가는 동반자가 있으니.

마라톤

연을 맺으면서 나는
노쇠한 기력이나마 쥐어짜서 한 방울까지
당신을 위해 바치겠노라 약속했다

그때부터 나는 당신을 위해
밤에는 머리로 낮에는 몸으로 뛰었다.
뒤돌아보니 아침에 출발한 지점이
까마아득히 보인다
오— 그동안 많이 달려왔구나!
뛰다가 쓰러지면 순직이요 완주하면 공로자
그런데 공로자의 길은
너무나 어두워서 앞으로 나갈 수가 없어
순직의 길을 가기로 했다
쓰러지라고 뛰었다
숨이 목까지 차오르면 속도를 더 높였다
넘어지면 다시 일어나 뛰었다
그런데 웬일인지 기력은 지쳐 바닥인데
뒹군 몸뚱이는 멀쩡하다
그때 멀리서 가물거리는 불빛이 보인다

그때부터는 맘을 또 바꿔 공적을 쌓기로 했다

나는 당신 앞에 또 한 번 다짐 한다
공로자의 길을 가겠노라고
과연 그 길은 열릴 것인가.

로또복권

한가한 토요일 오후
해 떨어지고 저녁 식사 후
집사람이 기분이 업되어 콧노래를 부른다
무슨 좋은 일이라도 있는 걸까

저녁 8시 JTV 스포츠 뉴스를 보다가
갑자기 MBC 채널로 바꾼다
로또복권 추첨시간
갑자기 차분한 침묵이 흐르고
방안은 고요한 바다
앵커 말만 수산물시장 경매 소리처럼 쩌렁쩌렁
눈과 귀가 숫자에 집중하다가
"에이 꽝이네, 인제는 고만 사야지
만원이면 티셔츠 하나를 사는데"

다음 토요일
또 기분이 업되었다가 "에이 꽝이네" 후회

가만히 보고 있노라니 말이 절로 쏟아진다
당신은 중독환자야.

제6부

아득한 향수

갓빠산*의 전설

하늘이 처음 열리는 날
하느님은 심장을 좁쌀만큼 떼어서
굽이굽이 뻗어가는 노령산맥을 빚고
당신의 전지전능을 젓가락으로 찍어서
지맥地脈에 불어 넣으니
정기의 기운이
산맥을 따라 흘렀다 하느니라

후세에
이승에서 첫사랑을 맺지 못한 혼령이
저승길 굽이굽이 달려서
다시 이승으로 돌아와
남자는 갓 쓴 채 여자는 낭자머리 빗은 채
태산으로 환생하여 연을 맺으니
각각 입암笠岩산과 방장산이라 부르게 되었고
부부 산이라고도 하였다 하니라

---

* 갓빠산 : 입암산笠岩山의 옛 이름으로 갓바위산이 변형되어 갓빠산이라고 부르게 된 것으로 추정됨.

부부 산은
전생의 업보를 벗어버리려고 선행하고자
양팔을 번쩍 들어 벌려서
산천을 안아 품으니
액운과 재앙이 멀리 물러가고
마을마다 화평과 안녕이
옥 광목 같은 순수로 넘쳤다 하느니라

새들 노래하고 바람이 드니
맑고 푸른 하늘에 돛단 구름 떠오고
골짜기마다 샘물이 솟아 산천이 푸르니
오곡백과가 풍성하였다 하니라

입암 백성이여!
정기를 듬뿍 품은 채 장승처럼 우뚝 서 있는
부부 산은
주저리주저리 열린 전설을 지키며
평안하고 아늑한 세상 일궈
그대들과 한 몸으로 긴긴 세월 누릴지라.

영화 가설극장

나 어릴 적
동네에 영화 가설극장이 들어왔었다
확성기가 토해내는 트로트 가락이
지붕을 징검 징검 건너서
논밭으로 들로 이웃 마을로 달려간다

논에서 아부지 따라 일하던 나는
마음이 봄바람 든 처녀 가슴마냥 부풀어 있었다
저녁 먹고 어서 영화 구경 가야지

엄니를 졸라 댔더니
"그런 돈이 어디 있야 아부지한테 야기 혀 봐"
라고 한다
아버지에게 말씀드려 보았자 오히려 혼쭐이 날 일
눈치만 살피다가 가설극장을 갔더니
허우대 큰 건장한 청년이 기도를 보고
둘러친 포장 바깥쪽으로 높이 켜 단 전깃불이
초롱초롱 눈을 뜨고 있었다

옆집 대성약국 고창훈 씨는 가족들 데리고
다 같이 함께 입장하고
아랫녘 순이도 히득거리며 들어가는 것을 보니
부럽기도 하고 욕구가 더욱 속을 달구기도
무일푼이라 출입문으로 당당하게 들어가기는
이미 틀려먹었고
포장 둘레를 몇 바퀴 돌아보았으나
허술한 개구멍은 애초부터 없는 것 같았다

영화 구경을 포기하고 돌아온 나는
이불을 머리끝까지 둘러쓰고
소리를 죽여 가며 눈물을 한없이 훔치다가
슬픔이 켜진 채 잠이 들었다.

개땅쇠* 마을

우리 동네는
증읍에서 이십오 리나 떨어진 두메산골

6 · 25 동란 인공 때
낮에는 특공대 밤에는 빨치산이
바닷물같이 한 번씩 밀려왔다 빠져나가면
집과 이웃들이 연기처럼 사라졌다
하루에 두 번씩이나 들락거리는 등쌀에
징게 강할면* 산이 없는 널따란 들판에
양 떼처럼 옹기종기 의좋게 모여 사는 마을의
조용한 외갓집을 찾아서 피난하였었다

우리가 간 곳은 집 일곱 채가 일렬횡대로
땅바닥에 납작 엎드려 있은
2닥구 11조 간사지 개땅쇠 마을이었다
강할 소핵교 2학년에 편입

---

* 징개 강할면 : 그 당시 행정구역 김제군 광활면을 말함
개땅쇠 : 갯땅에 사는 서민들이란 뜻으로, 어려운 현실에서 힘들게 살아가는 민중들을 이르는 말

갈대 우거진 신작로 십리 길을
강아지처럼 졸졸 이웃 형들 따라서 다녔다
뙤약볕이 가마솥 열기를 뿜어내는 여름
메뚜기 떼도 지쳐서
갈대밭에서 졸고 있는 어느 날
선생님은 월사금 두 달씩 밀린 학생 5명을
앞으로 불러내 집으로 돌려보냈는데
그중에 나도 끼어있었다

갑자기 하늘이 내 맘같이 컴컴해지고
소낙비가 바람 울음소리로 달려왔다
옷을 질퍽하게 적시는 것은
눈물이었을까 빗물이었을까!
그래도
책은 젖으면 안 된다고 돌돌 책보에 말아서
등 뒤 옷 속에 깊숙이 묻고
아침에 바삐 달음질쳤던 등굣길을 되짚어
혼자 터덕터덕 걸었다

집에 돌아 와 보니 엄니 아부지는 김매러 가시고
집시랑 물소리가 빈집을 지키고 있었다
냉기 서린 방바닥에 척척한 책을 널면서
하염없이 흘러내리는 눈물을 찍어댔다

지금은 그때 허기졌던 피난 시절이
아득한 향수로 달려 온다.

길 4

나는 날마다 길을 간다
항상 쉼 없이
한 번도 가보지 못한 낯선 새길을
무작정 간다

길은
곧고 널따란 길, 좁고 굽이친 길, 오르막길,
벼랑길, 살얼음 길
길도 길도 여러 길
가는 길 험하다고 아니 갈 수 없는 길

내 가는 길은
미리 예측할 수가 없는 길
내일의 벽이 맑은 물속 같지만 너무 깊어
알 수 없는 길
그렇다고
멈출 수 없는 길

나는 길을 가다 길을 가다
길에서 죽는다.

순수한 사람들

내 고향은
전라도 정읍 두멧골 녹두밭 윗머리

어릴 적
궂은비 부슬부슬 내리던 어느 여름날
감자 빈대떡 부쳐 먹으면서
우리 엄니는 비료부대 고깔 쓰고 한 쟁반을
순이 엄니를 부르더니 낮은 담 위로 넘겨주면서
입이 심심해서 한번 부쳐 보았넌디 맛이 별로여, 한다
며칠 지나
순이네 집에서 제사 떡 한 접시가
담 위로 넘어오면서 순이 엄니 목소리도 같이 넘어왔다
우리 징 조부 지삿떡인디 쬐끔이여,

병문이네 모심는 날 새참 먹을 때는
이웃 논에서 김매던 상열이 엄니 아부지를 오시라고 하고
모 때우기를 하던 우리 엄니 아부지도 불러서
논두렁 국수 잔치를 벌였지

우리 집 마당에 쌓아 놓은 벼 더미 헐어서
나락 훑는 날은
점심밥 때가 되면
일하는 엄니 찾아 코흘리개 아그들이
하나둘
동생 손 잡고 아장아장 모여들고
덕석 펴놓고 시끌벅적 낮이 밥 잔치를 하였다

내 어릴 적 향수
입암저수지 물속만큼이나 깊어.

향수 2

내 고향은
산 능선이 굽이굽이 금 이어놓은 노령산맥* 서쪽 자락
어릴 적에 윗녘과 아랫녘을
기차는 호남터널로 자동차는 노령 재로 넘나들었다

기차가 입암산 기슭을 휘돌아 기어 올라갈 때
숨차 헐떡이며 뱉어낸
목쉰 기적소리 허공에 뿌리고
뿌연 연기는 산허리에 매달아 놓고
거북이걸음으로 조심조심 먹물 풀어놓은 터널로
애벌레처럼 기어들어 갔었다
노령재에 눈이 많이 쌓인 날이면
트럭이 산 밑 연월 동네에서 묵으며 눈 녹기만 기다렸고
극성맞은 동네 처녀 총각들 움츠리고 잠자는 차를 깨워서
읍내 정읍극장으로 히득거리며 저녁 영화 구경 갔었지
뒷말 입방아 이러쿵저러쿵

* 노령산맥 : 전북과 전남 경계를 이루는 산맥

꼬리에 꼬리를 물기도

지금은 호남, 노령 상 하행선 여덟 개 터널
화살처럼 내달리는 엔진소리 기름 냄새에
정신이 혼미하여
산야에 고요도 살지 못하고 떠나버린 땅

머리에 억새꽃 이고 고향 찾아갔더니
고즈넉한 옛 풍광은 다 어디로 달아나버리고
그리운 향수만 애틋하게
이 늙은이의 가슴팍을 비집고 든다.

연어

5년 만에 돌아오는 고향
길도 물도 옛집도 이웃도 다 낯설다

쇠한 육신
주둥이가 돌출되고
등도 굽고 홍자색 줄무늬 온몸에 번지나니
이는 곧 어두운 운명이 다가오는 조짐
그러나 사력을 다해
바닥난 기력 쥐어짜서 독자갈을 디딤돌 삼아
세찬 물결 헤집고 거슬러 오르는 것은
무슨 까닭일까

그 맑은 하천 다 내팽개치고
머나먼 길 마다 않고 모천으로 돌아와
마지막 종족을 이어놓고
속세의 지은 죄 다 씻고 가고자
금식 기도하며 암수가 최후를 맞이하는 것은
무슨 이유일까

오직 그 답은
그들 단단한 맘속에 꼭꼭 숨어있다.

길 5

새 길을 간다
한 번도 가보지 못한 낯선 길

길은
대문마다 빗장을 걸어
밖을 오가는 통로가 없다

빗장을 걷어내자
대문을 열어 젖히고
사방으로 새길을 내자
바깥사람들
몸뚱이 부딪치는 소리 듣자

이제 우리는
넓은 세상
그늘을 지우는 해(태양)로 서자

---

* 사단법인 지방행정동우회 정읍시분회장 당선 다짐 글

그믐달

한여름
옹골지게 잘 익은 수박처럼 둥근 달
그 누가
저리도 갉아먹었을까

속은 다 파먹고
껍질만 남겨놓았네

속살이 너무 달콤해서
멈출 수가 없었을까!
그렇다고 펄펄 뛰는 남의 생살을
인정사정없이 뜯어 삼킨단 말인가
심술이 아주
고얀 놈 이로구만

그 싹둥머리 없는 놈이
어떤 놈인고.

해름 놀 인생

어디 특별히 아픈 데도 없이
남거나 부족한 것도 없이
순탄하게 건너온
하루가 고맙다

내일은 안개 속 바다
꿈꾸는 호수처럼
잠잠할까
너울이 화살 맞은 고래처럼
몸부림칠까
예측할 수 없는 하루

오늘이 가면
또 오늘이 온다
오는 오늘
가는 오늘만 같았으면

얼굴 빨개진 애

옷가게에 어린아이 손을 잡고 들어오는
허름한 옷차림 아줌마
티셔츠 하나를 골라잡고
“이 셔츠 얼 마유” 하길래
“만원이라우” 하였더니 티셔츠 하나를 사 들고
어린아이 손을 잡고 돌아갔다

한참 있다가 어린아이가 옷을 들고
다시 들어 왔다

“아줌마 이거 물려주면 안 된가요” 한다
“왜 엄니한테 혼났냐” 하니
“아니요” 하면서 얼굴 빨개진 어린아이
“엄니가 시장통에서 나물을 파는데요
하루에 만원을 못 벌 때가 많아요
이거 못 입겠어요” 하며
말꼬리가 흐려진다

옷값을 돌려받는 어린아이

손에 꼭 쥐고
아무 말 없이 바깥으로 뛰어나갔다.

초록 단풍

일찍이 내장산 신령님의 점지를 받아
씨알 껍데기를 깨고
바위 틈새에 탯줄을 내렸다

무서리 하얀 날
모닥불처럼 벌겋게 온몸을 태운 만큼이나
푸르다 푸르다 눈 시린 초록
어느새 하늘을 덮은 구나

7월의 햇살
이파리에 부서지고
원적 골 솔바람
늘어진 우듬지를 흔들어
풋풋한 싱그러움 우수수 뚝 뚝 뚝 —

바라보는
센머리 성성한 이 늙은이 몸에서도
푸른 피가 돌고 도나니

오 —

초록 단풍의 정기여!

제7부

우리집 뜨락

우리 은행장

집사람이 살림을 맡아 한다
뒷주머니에 돈 떨어질 때마다 손 내밀면
아무 군소리 없이 주곤 하여서
아직껏 세상 물정 모르고
한량처럼 속 편히 살아왔다

그런데 무슨 생각인지
"지금까지
애들 가르치고 먹고 쓰고 살아온 것이
모두 내 덕인 줄 알아요"라고 하며
맨 날 참새처럼 입방아 찧더니
지난달부터는 연금만 가지고 한번 살아보자고
몇 푼 안 되는 연금을 다 찾아다 놓고
쏙쏙 곶감 빼먹듯 쓴다

나 돈 없어
이십만 원만 줘 봐, 하였더니
이번에 가져가면 이십만 원씩 3번 가져가요, 하며
우리 은행장 눈빛이 번쩍인다!

어, 앞으로 큰일이구먼.

우리 엄니

정갈하게 빗은 낭자머리에
항상 하얀 수건을 쓰신 핏기 없는 얼굴
편두통 때문에 늘
고개를 한쪽으로 기우뚱한 모습
밤에 피었다 아침에 지는
달 닮아 속까지 하얀 박꽃

지금 세상에는 진통제 한 알이면 직방인
편두통에다가
식구들의 짐, 싸가지 없는 병까지
양 어깨에 다 짊어지시고
힘겨운 삶 하시다가
회갑 쇠시고 그 이듬해
세상이
너무너무 무겁다고 일찍
놓아버리셨지

헛간 지붕 위에
고요한 밤 고요하게 태어난

고요한 꽃
또 우리 팔 남매 걱정에 하얗게 우시었는지
하얀 얼굴에
하얀 눈물이 하얗게 방울방울

생일날

내일이 희수를 맞는 생일이다
4남매 새끼들이 다 온다고 한다
꽃처럼, 강아지처럼, 산처럼 생긴 손주 놈들 달고
아랫녘에서 올라오고 윗녘에서 내려오고
시끌벅적 한참은 정신없겠지

돌연 기억의 숲속을 달려 나오는 사람이 있으니
3년 전에 먼저 간 동생이다
이렇게 좋은 날 살아있으면 와서 얼마나 좋아하겠는가

된장, 고추장 참깨 등 가지고 와서
형수님과 맛나게 드시오, 하고 혹시나 폐 될까 봐서
앉자마자 자리를 털고 일어나 갔던 사람
형님이 공직생활을 제일 정직하게 했고 세상에서 제일
훌륭한 공무원이었다고 치켜세워 주었던 동생

내일 내 생일인 것을 알까
알면은 얼마나 좋아하겠는가
축복을 두 배 세 배 해 줄 텐데

병선아, 고통 없는 세상에서 잘 지내고 있지야

생일날 2

텔레비전도 켜지 않고
현관 앞까지 미리 나가 있는 귀가 깊어지더니
애들이 왔다고 낌새를 보낸다
갑자기 바깥이 소란해져서 얼른 현관문을 열어젖히니
까
윗녘에서 내려오는 팀들이
손주 놈들 앞세우고 와르르 쏟아진다

그런데 어찌 된 일인지
자식들은 안 보이고 손주들만 우글우글
여기저기서 손주 놈들 할아버지 안녕하세요. 인사한다
오냐 오냐 오니라고 욕봤다 어서 들어오너라, 하고
거실에 모두 들어와서야
딸내미도 보이고 사위도 보인다

조금 있다가 깊어진 귀가 또 낌새를 보내서
문을 활짝 여니까
아랫녘에서 올라오는 자식 팀이 손주 놈 앞세우고 우르
르

손주 놈만 보여서 양손을 잡고
서윤이 왔구나! 어서와 어서와, 했다

정적을 뿌려놓은 거실이 별안간 시끌벅적
웃음소리가 창문 밖으로 달려나가며 사람 냄새가
철철 넘친다.

눈물 3

둘째 놈을 생각하면
울컥 눈시울이 뜨거워진다

큰물고기는 큰 방죽에서 놀아야 한다고
애들을 서울로 서울로만 밀어 올려보냈고
둘째 놈은 지구 반대편에 있는
파리 방죽까지 떠밀지 않았던가
그런데
이것이 어찌 된 일이 단가

공부만 잘 가르쳐 놓으면
풍경 달린 대궐집에서 사람 들여놓고
웃음꽃 벙글어질 줄만 알았더니만
우물을 제일 깊이 판 놈이
물이 제일 적게 괴니 말일세

그놈만 생각하면
가슴 터지는 탄식이 절로
아이고. 어쩔거나!

아내의 눈물

두 번이나 허리디스크 수술
내시경 위암 시술
신장암 왼쪽 신장 절제 수술

그 높은 첩첩 산 등마루
넘어오는 사투를
곁에서 지켜보며 애간장을 짜낸
집사람의 눈물이
열다섯 섬이나 된다

가슴은
새까만 숯덩이로 그득하고
눈물샘은
저 초산만큼이나 깊어졌으리다

대갚음 사랑
저 산이 비바람에 다 씻겨 내릴 때까지
해도 부족한데
벌써 해거름인가!

외손자

남양주에 사는 막내딸
자식새끼라고는 달랑
외아들 하나

작년 추석에는 귀여운 토끼 한 놈을
달고 오더니
올 추석에는 큰 산을 하나
달고 왔다

애비와 애미와 자식이
나란히 서서 큰절을 한다

큰 산 그림자가
애비 애미를
감싼다.

친손녀

– 추석

아침 햇살처럼 맑고
보름 달덩이같이 밝은
귀염둥이

내일모레 글피면
조롱박처럼 제 어미 허리춤에 매달려
온다

며칠 동안 거실 소파에
너럭바위 위에 둥근잎유홍초 꽃 마냥
앙증맞게
피어 있을 거야.

뒤돌아본 길

저녁놀이 벌겋게 쏟아지는 언덕에
기다란 그림자 밟고 서서
아침에 나섰던 아득히 가물가물한 길을
뒤돌아본다

두 번째 운명의 바람을 헤집고 나오면서
그 싸가지 없는 놈에게
둘뿐인 신장 하나와 몇 개 없는 봄 하나를
통째로 도둑맞고 말았지
실같이 가느다란 목숨 하나 건져 달고
피골이 말라붙은 채로
벗어놓고 간 허물 찾아 세 발로 땅을 꾹꾹 찍으며
기력을 쥐어짜면서 걸어온 일들이
저 멀리에서 아롱거린다.

올 한해 길은 왜 그토록 험하였던고!

내년부터는
봄여름 갈 겨울 꼭 다 빼앗기지 안 하여야지.

싸가지 없는 놈

세 번째
운명의 바람이 불어오는 것 같다

처음에
위벽에 붙어 있는 놈을 용케 발견해
떼어냈더니
다음에는
어떤 한 놈이 콩팥에 붙어서
콩팥 하나를 삼켜 버렸다
이제 또 어떤 놈이
혀에 붙어 공격하는 것 같다
틀림없이
그 싸가지 없는 놈들 짓일 거야

어쩌면 그렇게
운석에 맞는 운수로
태어났는고.

---

* 혀에 심한 구내염이 발생 낫지 않아서 전북대 병원에서 조직검사 해놓고 귀갓길에

| 작품 해설 |

자연 예찬과 인간주의를 담론으로 하는 필법

—김병학 시인의 시는 인간성 뭉클한 서정시이다

소재호(시인, 문학평론가)

김병학 시인의 시 속에는 자연이 원형 그대로 살아있다. 자연은 희언자연(希言自然 : 자연은 말이 없음)이며, 무위자연(無爲自然 : 인위가 전혀없는 자연 그대로임)이며, 그래서 대상무형(大象無形 : 큰 상은 모습을 띠지 않음)인 채로 생동하며, '스스로 그러한 대로'의 경지에 묻혀 있다. 시인이 자연을 한 생 거느린 듯하나, 실상은 자연 속에 함몰된 무아無我의 경지이다. 이렇게 소개하는 어휘들은 노자의 말씀이다. 자연은 물꼬를 터 오듯이 봄을 끌어 오고, 고목에도 꽃을 피워내어 모든 만물을 영활靈活케 한다. 김 시인은 봄의 생명성을 읊는다. 그리고 그 활성의 자연에게서 신비를 읽어낸다. 그러므로 자연은 경건해진다. 하늘은 무형의 추상적 진리를 함유하지만 자연은 현시적現示的 진리의 형상을 표상한다고 한다. 자연의 비의秘儀를 간파해 내는 시인의 시선은 저 랭보가 말하는 견자見者의 눈인 것이다. 자연이 담지하는 모든 진리, 모든 섭리를 시인은 노래한다. 노인은 의당 허무나 무상을 읊조리는 것이겠지만, 이와 다르게 김 시인은 스스로 생동하며 자연을 경건히 시적 대상으로 모시며 스스로 정중해지는 것이다. 김 시인은 자연의 경이로움에 경탄한다. 메마르고 거친 벚나무 고목에서 움을 틔우고 꽃봉오리를 내밀어 온 세상을 화들짝 놀라게 하며 경천동지할 이변을 변주하는 것이니, 더구나 시인의 감성은 얼마나 형용키 어려우랴.

프랑스 상징주의 시인 보들레르는 '자연은 제2의 신전이다.'고 말했다. 원시 종교에서부터 애니미즘이 번지고 이런저런 사상과 철리哲理의 누적과 정화로 신흥 종교도 일어나는 게 아니겠는가? 신전이라는 신비한 곳은 신성성의 대유물代喩物이다. 다시 노자의 말씀을 하나 더 인용한다. "그윽하고 그윽함이 모든 오묘함의 문이다. (현지우현 중묘지문 玄之又玄 衆妙之門)"

문학이란 자연과 인간의 모방이란 주장은 저 그리스시대부터 있어 왔다. 김 시인은 열렬하게 자연을 숭모하며 꽃을 노래하면서 한편 인간주의를 고양한다. 사람을 섬기는 것은 구호에서만 머물러서는 안되며, 행동하는 덕목이어야 한다. 김병학 시인은 사람을 그리워하고 연연해 하며 경모하기도 한다. 그 대상은 가족 모두이거니와 부모에 대한 숭경은 남다르다. 부모에 대한 경모의 상념想念은 그대로 상념傷念인 것이다. 애잔하고 애절하고 뭉클하며, 아니 눈물샘을 자극하는 비애가 솟구친다. '어머니' 하면 벌써 눈물이 난다는 한 소설가의 넋두리가 그냥 넋두리가 아닌 것이다. 한국적 어머니는 그 상징한 바가 무한 의미를 함축하는 인간경人間經인 것이다. 김 시인은 어머니 앞에서는 언제나 어린이다. 어머니를 경모하며 읊은 그의 시는 진솔하고 절절하여 그 실감이 그대로 독자에게 전이되는 것이다. 실감이란 경험중에 또렷한 인상을 말한다. 인상 깊은 실감이 곧 형상화를 거쳐 시에 안착하는 것이다. 지난 적 많은 사상事象도 현재의 실감으로 현현顯現하므로서 이미지 생생한 시가 탄생되는 것이다.

김 시인은 스스로 깨달아 시의 태산을 넘은 시인이다. 그가 홀로 세운 봉암奉岩은 자신이 살아온 생의 궤적을 암시하고 있다. 받들고자 한 입암산 갓바위는 그에게 '큰 바위 얼굴'인 셈이다. 다아니엘 호돈의 명작 「큰 바위 얼굴」은 인간다운 인간에 대해 암시하고 있다. '든 사람'도 아니고 '난 사람'도 아닌 오직 '된 사람'을 간구한다. 그래서 인간주의요, 인본주의를 표방한다. 김 시인은 항상 이마에 서늘하게 걸쳐 오는 입암산 갓바위에게서 깨닫고 익히며 가히 법열法悅을 터득하여 온 것이다. 그러므로 그의 시는 살아 숨쉬는 영혼의 숨결인 것이다. 인자요산仁者樂山이요 지자요수知者樂水라 했는데, 아마도 김 시인은 산을 누리며 즐기는 인자仁者로서 '어진이'가 아닐까 싶다. 아니, 죽은 후에도 윤회를 거쳐 갓바위 혼령이 되겠다 하였으니 향토애로 향수를 가꿔가는 그의 시혼詩魂은 영원하리라고 본다.

꽃망울
툭툭 벙글어 강그러지게 웃는 소리는
청아한 시냇물 소리
하얗게
뭉게뭉게 흐드러지면
파란 하늘에 걸려있는 뭉게구름
바람결에
우수수지는 모양은
한여름 배추흰나비 떼

너는 올 때
귀엽고 예쁘게 오더니
가는 뒷모습도
아름답구나.

―「벚꽃」 전문

우선 공감적共感的 테크닉이 빼어난다. 시각이 청각적 이미지로 전환하다가 심경적 정서의 시어로 환언한다. 하늘과 땅 사이 오직 '강그러지는 희열의 웃음소리' 뿐이다.

'하얀 벚꽃―하얀 구름―하얀 배추흰나비'로 연계되는 이미지도 그 하얀 속성의 교집합으로 연속되다가 정적인 정경에서 동적 정경으로 변조되는 시의 흐름이 매우 절묘하다. 자연의 이치가, 모든 생물의 생애가, 생 · 노 · 병 · 사의 수순을 밟는 법이거늘 여기서는 그 섭리를 뒤집는 역설이 숨어 있다. '가는 뒷모습도/ 아름답구나.' 하는 시구는 작가의 초월적 자아가 웅변하고 있는 것이다. '사람도 이와 같이 아름답게 종명해야 하지 않겠나.' 하는 메시지가 선뜻 떠오른다. 꽃이 허무하게 진다고, 생의 끝자락은 무상하다고, 우수어린 심경으로 읊는 센티멘탈리즘은 전혀 보이지 않는다. 회자정리會者定離라는 어휘 뒤에는, 그게 자연의 섭리이긴 하여도 석별의 아쉬움으 깃들 법도 한데, 웃음소리도, 시냇물 소리도, 뭉게구름도, 배추흰나비도 흩어짐의 미학을 표상하며, 오히려 생동하면서 거자필반去者必反을 은밀히 숨기고 있으니 은자隱者의 삶이 이에 빛나고 있는 것이다.

의인법으로 벚꽃에 의탁하며 정갈하게 한 생을 경영하는 인간의 삶을 아름답게 형용하였다.

정읍천 변두리에 웬 모닥불이
활활 타고 있다

누가 때아닌 망월 놀이하였는가!

천변 걷기운동 하는 사람들
시냇물이 바로 옆에서 철철 흐르는데
어째서 불 끌 생각은 안 하고
방실방실 웃기만 한다

불이 허공으로 치솟더니
하늘로 번져
대낮 노을이 벌겋다.

불은 하염없이 타고.

—「강변 철쭉꽃」 전문

바슐라르라는 프랑스 문예비평가의 '사원소론'에 물 · 불 · 흙 · 바람을 일컬어 문학의 원형 본질이라 설명한 바가 있다. 티벳의 원시 종교 풍에서도 이 네가지 원소를 신격화 하는 형상을 들은 일이 있었다. 인간 삶의 일상에 언제나 가까이에 있으며 영향끼치는 것들인데, 이 또한 온갖 파장으로 아우라를 펼친다. 불은 붉음을 파생시키고, 열을 솟구쳐내며, 활활 기운을 일으켜 세우며, 사랑의 열꽃으로 우리네 정서를 아름답게 빚는다. 붉은 철쭉꽃은 진화되지 않는 불 붙어 영원의 언덕에 굽이치는 심화心火이기도 하다.

하물며 때는 봄, 꽃이 천둥소리처럼 둥기둥 천지에 붉게 번지니 흥겨울 수밖에. "불이 허공으로 치솟더니/ 하늘로 번져/ 대낮 노을이 벌겋다.//의 시구에서 일파가 만파가 되는 요원의 불길을 보고 있음에 사뭇 흥겹지 않을 수 없다.

소문 듣고
구례 산동에 갔더니
온 산자락에
노란빛 물결이라

우듬지마다 꽃숭어리 매달다가
눈물을 솔찬히 흘렸는지
노랗게 노랗게 한껏 벙글고 있다

꽃도 흐드러지고 쑥국새도 노래하니
고향 찾아가는 기러기도
여름 뻐꾸기도
파란 하늘에 걸려있는 뭉게구름도
불러들여

이왕 잔치할 바에는
큰 잔치 하세.

―「산수유꽃 2」 전문

꽃의 시리즈이다. 노시인의 눈에 어리어리 봄 아리랑이 아롱거리고 시선 닿는 족족 꽃의 천지이다. 우수에 젖는 자는 호젓한 외딴 길 호숫가를 찾는 법이고 스스로 인생을 즐겁게 경영하는 자는 화원을 찾는 법이다. 산동의 산수유꽃은 우리나라에서 제일 유명한 소위 별천지이다. 엄혹한 겨울이 지나야 봄이 오는 법, '눈물 솔찬히 흘리고'서야 노랗게 노랗게 꽃이 피었다고 했다.

한기와 가난을 넘긴 인생만이 조춘의 꽃밭을 찾을 권리가 있다. 노시인이 경작한 한 생애의 가파름을 지나 여기 파라다이스에 언뜻 발길 놓음에 사뭇 경건해지는 것이다. 꽃방석 펴놓았으니 떠나가는 기러기 너도, 쑥국새 너도, 뭉게구름 너도 여기에 와서 노란 노래를 실컷 쏟고 가려므나, "이왕 잔치할 바에는/ 큰 잔지하세//

여기서 시적 결기는 사람, 동물, 식물, 무생물까지 모두 한가지로 생명력 넘치는 봄의 환희의 정서에 동류, 동질적 개념 속에 서로 상관되고 있다는 점에서 유래한다.

수많은 산자락의 품에 안기어
햇살에 반사하는 몸짓으로
언어를 쓰고 있다

호수의 둘레 길 백릿길이요
출렁이는 다리는 사백미터
하늘 높이 솟은 주탑 육십여 미터이니
경관이 장관이라
"사람아 구름아 바람아
예당호에서
하룻밤 머물다 감이 어떠냐," 라고 하면서
종일 반짝반짝 언어를 쓰고 있다

몽매한 인간은
그 오묘한 언어를 읽지 못하여

그냥 돌아서는데
바람은 출렁다리에서 구름은 탑 위에서
한 밤을 쉬었다 가는가!

―「말하는 예당호」 전문

문학은 처음 기호로서의 사상事象을 의미부의 언어로 환언하는 작업이라 이른다. 홀소리 닿소리가 서로 결연하여 말이 된 것처럼 사실적 존재가 가치적 존재로 변환하듯이 화자話者를 만나고 작가를 만나서 언어의 효용성은 증대된다고 본다. '호수가 언어를 쓴다.'는 말을 다시 한차원 넘어가면 물상에 인간의 감성이 이입되는 소위 감정이입感情移入의 수단을 통해 의인화한 사물이 활유活喩되어 생명을 지닌 화자로 둔갑하게 된다. 작가를 그래서 언어의 연금술사라 일컫는다. 호수는 이미 사람으로 의인화되어 버렸다. 햇살에 반사하는 몸짓으로 언어를 쓰고 있는 것이다. "사람아, 구름아, 바람아" 함께 예당호와 반짝반짝 언어를 쓰자꾸나. 사람보다 오히려 바람이 오묘한 언어를 구사하는 능력이 높다 이른다.

우리 집사람은 기도가 생활이다

주일날은 못 박히신 예수님 앞에서
관광 가서는 붓다 앞에 합장하고
서낭당을 지나갈 때는
돌무더기에 독자갈 세 개를 올려놓으면서

남편에겐 건강 축복을
자식들에겐 물질축복을
자신에겐 남편과 손을 꼭 잡은 채 한날한시
같이 가는 축복을
충만하게 하옵소서, 빈다

기도는
가슴을 질펵하게 적신 소원이다
간절한 절규다
맘이 타고 남은 까만 재다

죽음의 길인들 외로우랴!
지옥까지 같이 가는 동반자가 있으니.

—「기도 2」 전문

한국인의 혈맥 속에는 유·불·선이 합융하는 DNA가 존재한다고 한다. 고래로 동양 종교들이 서로 갈등하지도 않고 생활화 된 그런 풍습으로 인해 거룩한 민족이라고도 이른다. 어찌 그 뿐이랴. 애니미즘, 샤마니즘, 토테미즘도 함께 배어 있으니 우리들 일상은 종합 종교라 일컬을 만하다. 여기에 더 보태어 서양 종교인 기독교도 의미 깊은 교리로 합세한다.

김 시인의 동반자는 온갖 경계를 넘나드는 슬기로운 깨친 자일 것이다. 서낭당 돌무지에 돌을 얹는 민속적 신앙까지 경건한 형모이다. 기복신앙이면 어떠랴. 자기 정화와 자기 순화를 거쳐 자연신에 공경하는 자세는 선구자적이다. 생사의 경계까지도 넘나들며 니체가 말한 '초인'이 되어 있다. 그런 아내를 그윽히 바라보는 노시인의 심성은 대양처럼 넓다.

> 정갈하게 빗은 낭자머리에
> 항상 하얀 수건을 쓰신 핏기 없는 얼굴
> 편두통 때문에 늘
> 고개를 한쪽으로 기우뚱한 모습
> 밤에 피었다 아침에 지는
> 달 닮아 속까지 하얀 박꽃
>
> 지금 세상에는 진통제 한 알이면 직방인
> 편두통에다가
> 식구들의 짐, 싸가지 없는 병까지
> 양 어깨에 다 짊어지시고
> 힘겨운 삶 하시다가
> 회갑 쇠시고 그 이듬해
> 세상이
> 너무너무 무겁다고 일찍
> 놓아버리셨지
>
> 헛간 지붕 위에
> 고요한 밤 고요하게 태어난
> 고요한 꽃
> 또 우리 팔 남매 걱정에 하얗게 우시었는지
> 하얀 얼굴에
> 하얀 눈물이 하얗게 방울방울

—「우리 엄니」 전문

하얀 박꽃은 어머니의 은유이다. 박꽃의 이미지는 바로 어머니의 이미지이다. 박꽃의 생태적 면모도 애잔 애절하다. 밤에만 피는 꽃, 달을 맞이하며 오롯이 높은 지붕이나 수수깡 울타리 위에 얹히는 가비여운 꽃, 하얗다 못해 푸르른 기색 도는 해맑은 꽃, 깊은 심려와 육신의 병고가 함께 가녀린 모습으로 보이도록 피면서 벌써 시드는 양 생기 없는 꽃, 달의 전설을 띤 이슬로만 목숨 매다는 애달픈 꽃, 고요하며 순수하며 함묵하며 우수 어린 듯 한쪽으로만 갸웃하는 꽃, 그러나 그러나 여자는 약하지만 어머니는 강하다 하듯이 오로지 하여 활활 내심으로 팔남매 자녀에게 사랑 쏟음은 태양보다 강렬하다 하였으니….

박꽃으로, 시리고 어둔 세상 건너가시던 어머니를 비유했음은 가히 으뜸이라 하겠다.

나는 날마다 길을 간다
항상 쉼 없이
한 번도 가보지 못한 낯선 새길을
무작정 간다

길은
곧고 널따란 길, 좁고 굽이친 길, 오르막길,
벼랑길, 살얼음 길
길도 길도 여러 길
가는 길 험하다고 아니 갈 수 없는 길

내 가는 길은
미리 예측할 수가 없는 길
내일의 벽이 맑은 물속 같지만 너무 깊어
알 수 없는 길
그렇다고
멈출 수 없는 길

나는 길을 가다 길을 가다
길에서 죽는다.

—「길 4」 전문

길은 한자로 도道이다. 도만큼 의미가 많은 말은 없다. 많은 의미를 내포하는 다의성多義性 때문에 그대로 상징어이다. 인생의 도리, 율법, 이념과 사상의 갈래, 종교요 철학인가 하면 풍속이고 생태학적 분류이다. 또한 방식이요 수단이며 인생의 좌표요 사회질서요 가족 간의 존비서열이다.

그러나 여기서 길은 운명이다. 요람에서 무덤까지 살아가는 궤적을 말하고 있다. 의미심장한 시이다. 내일의 미명未明앞에 시야가 혼미한 인간 존재의 철리哲理로 깊어지는 사유思惟이다.

그러나 우리 앞에 펼쳐진 길은 경건하고 신비하며 순종할 수밖에 없는 신의 예지 같은 것이다. 신 앞에 한계적 독존자로서 인간의 업보가 그려지고 있다.

"백의 백성이여 나를 따르라
농민이여 호미 대신 죽창을 들어라"

황토현에 들어서니
1894년 4월 7일
여명이 눈뜨기 전 칠흑의 밤에
산천을 흔들었던
녹두장군의 우렁찬 호령 소리가
귓전에서 맴돈다

"사람이 곧 하늘이다"는 세상
꽃 피우지 못하고
맺힌 한 가슴에 품은 채 지금도 이승을 떠도는
녹두꽃 넋이여

온 대한大韓이
황토재 전투장에서 전승일 날
당신의 위패를 봉안하고
축제의 풍악 소리 배들 평야를 적시나니

동학 농민 정신이 불멸의 진리로
두승산 봉우리에서
산야로 바다로 세계로
메아리칠 지어라

이제는
큰 뜻도 큰 한도 속세의 방황도
모두 다 내려놓고
은하수 건너 하늘길 따라 훨 훨 훨
승천하시옵소서.

—「떠도는 넋」 전문

이 시는 영웅을 읊는 전형적 서사시이다. 남향적男向的이며 대륙적이며 웅변적이다. 문체는 강건체이다. 영탄법이 맥맥히 흐르며 어세는 강렬하다. 불러놓고 명령을 주는 돈호법이며 문어체의 강조법을 구사한다. 우리나라 역사 오천년 동안 가장 빛나는 민중혁명이었다. 동학혁명은—.

그리고 3 · 1운동과 근래의 촛불 혁명으로 이어졌다. 몇십 년 안에 이쯤 민주주의를 이룩했으면 인류 역사상 가장 훌륭한 성과이다. 프랑스 명예혁명이나 영국의 민주주의 시발의 나팔이 되었던 혁명들도 우리 동학농민혁명보다 빛나지는 못했다.

살육과 방화와 약탈을 금기시하는 진보된 이념의 혁명이었다. 부르짖는 것은 정의요, 평등이요, 민주, 민본, 민생이었다. 그리고 기본적 자유였다. '사람이 곧 하늘이다' 이 사상은 인류 시작에서 지구 종말에 이르기까지 가장 고결한 가치의 주의요, 철학이다. 한국 국민에게 자손만대에 전승되어야 할 절대적 가치이다. 시가 웅변이 되어버린 상쾌함에 필자는 찬사를 얹는다.

김병학 시인은 자연을 경이롭게 읊으며 인간주의 그 근원에 상도하며 휴머니즘을 표방하는 시를 쓴다. 인생을

담담하게 그리고 초연하게 경영한다. 김 시인의 시는 참으로 슬기로운 필법이다.

김병학 시집

갓바위

인쇄 2019년 9월 4일
발행 2019년 9월 6일

지은이 김병학
발행인 서정환
펴낸곳 신아출판사
주소 전북 전주시 완산구 공북 1길 16(태평동 151-30)
전화 (063) 275-4000 · 0484 · 6374
팩스 (063) 274-3131
이메일 shina2347@naver.com sina321@hanmail.net
출판등록 제465-1984-000004호
인쇄 · 제본 신아출판사

ISBN 979-11-5605-664-5 03810
값 10,000원

이 도서의 국립중앙도서관 출판예정도서목록(CIP)은 서지정보유통지원시스템 홈페이지(http://seoji.nl.go.kr)와 국가자료공동목록시스템(http://www.nl.go.kr/kolisnet)에서 이용하실 수 있습니다.(CIP제어번호: CIP2019034528)

Printed in KOREA